CARRY

農家の台所から

Farmer's KEIKO

農業と野菜。
そして、自然とともに
暮らす楽しみ。

会社員から農家に「転職」して、はや15年がたちました。
そもそものきっかけは、夫婦の趣味だったアウトドア。
主人は釣り、私は自然が大好きだったので、結婚してからいろんな場所で
キャンプをしながら釣りを楽しんでいたんです。
そのなかで親しくなったのが漁師さん。
自分で獲った魚を売り、生計をたてるというシンプルな暮らしぶりを
聞いているうち、その生き方に強く惹かれるようになって。
自然とともに生きてゆく、潔くてたくましい第一次産業という仕事って
いいな、すてきだな。
ぼんやりと考えていた思いが、いつしか本気の夢として
目指すようになりました。

実際に調べてみると漁業はハードルが高く、何のコネクションも持たない
私たちが一から始めるにはあまりにもむずかしい。

それならば、と農業に目を向けると、専業で生活するのはやはり簡単ではない…。
憧れで終わらせるのか、人生を賭けて夢に挑戦するのか。
主人と2人、さんざん悩んだ結果、まず主人が就農し、
生活の基盤ができたら私も仕事をやめるという結論に至りました。
主人は地方に単身赴任して農業研修。私は大阪のマンションに残り、
ビジネスウーマンとして全国に出張する多忙な日々。
そんな生活が2年ほど続いたでしょうか。
主人の頑張りのおかげで待望の専業農家として歩むことになったのですが、
その生活は想像以上に新鮮で刺激的でした!

借りた畑は、病院も、駅も、スーパーも、信号も、飲食店も何もない京都の山奥。

水道は地下水、家は築100年はたとうかという古民家。

まさしく絵に描いたような田舎暮らしです。

だけど、不便を楽しさに変えられると思えば、これほどワクワクする場所はありません。

屋根裏でイタチやハクビシンが走り回って睡眠妨害されたり、
収穫直前の野菜がイノシシに荒らされたり、トラブルもたくさんあるけれど
愛らしい野うさぎや孔雀のようなキジ、かわいい昆虫にもたくさん出会えます。
うぐいすの声、草の薫り、夏の入道雲、黄金色に染まる稲穂、白く積もる雪…。
四季ごとにさまざまな自然の変化があり、美しさやはかなさに心打たれます。
農家って、ただ野菜を作って収穫するだけじゃない。
五感で自然を感じる喜びもあるのだと気づきました。

野菜の栽培が仕事ですから、わが家の食卓も大きく変わりました。
いつでも野菜がたっぷりの、バランスのいい献立。
忙しいときでもすぐに作れて、疲労回復に役立つおかず。
年を重ね、あれもこれも手作りすることはできなくなりましたが
おいしいこと、楽しいこと、ラクできることは手間暇惜しみません。

畑と台所は私の実験室。
おいしい品種はなんだろう。どうしたら甘く、みずみずしく育つんだろう。
畑で考えるのと同じように、台所でも思いつくまま、あれこれ試すのが楽しみです。

この本を手に取ってくれた方は、農家って何を食べているんだろう、
と思ってくれる人が多いと思うのですが、農家だからといって、
特別な料理や食べ方はあまりしていません。
むしろ、これでいいの？　と思うくらいシンプルかもしれません。
ただ、野菜のおいしい食べ方は知っています。
親が子どものことをよく見ているように、農家は野菜のことをよく知っているんです。
私が農家になって知った知識、農家になって編み出した知恵、農家になって得た幸せを
今回、１冊の本にまとめる機会をいただきました。
みなさんの心に、何か少しでも留まることができたらとてもうれしいです。

もくじ

農家の1日　毎日ごはん

春・夏の野菜おかず

春の野菜

この本のレシピについて
※材料や作り方で表示している計量は以下のとおりです。
大さじ1＝15㎖　小さじ1＝5㎖　1カップ＝200㎖
※電子レンジは500Wのものを使用しています。600Wの場合は調理時間を0.8倍にするなど、お手持ちの機器に合わせて適宜調整してください。

夏の野菜

秋・冬の野菜おかず

秋の野菜

冬の野菜

農家の1日

毎日ごはん

農家の1日といっても、育てている作物や植物によって
仕事や暮らし方は千差万別です。
わが家は露地栽培の野菜農家ですから、通年同じリズムでは
働きません。1年のなかで8月がいちばん忙しく、
収穫のはざまや冬場は、さほど時間に追われずのんびり働く。
毎日、天気と野菜の育ち方を見るのが仕事というわけです。
農家らしく、朝は基本的に早起きです。
畑の手入れや収穫などの作業をして、いったんお昼ごはん。
私はその流れで掃除や洗濯などの家事を済ませ、
出荷など残りの仕事を片づけます。
休憩時間はあまりないのですが、農作業の合間に
手作りのしそジュースを飲んだり、

冷たいトマトなどを食べてリフレッシュ。
7時前くらいに晩ごはんを食べ終えると、もうクタクタ。
倒れるようにして、9時すぎにベッドにもぐりこみます。
そんなふうに忙しく過ごしていると、1日はあっという間。
家事に時間をかける余裕がないうえ、50歳を過ぎると
体力面でもこれまでどおりにはいかなくなりました。
だから、ごはん作りも無理せず続くことだけ。
味がかぶらないこと、種類多く食べることを心がけ、
あとは自由。忙しいとき、疲れたときはごく簡単に。
余裕があるときは、自分の食べたいものを楽しんで作る。
作りおきも本当に必要なものだけに絞る。
元気で楽しく畑仕事に励むための秘訣です。

昼ごはん

農家の1日毎日ごはん

忙しいときは忙しいなりに。力の抜き具合がようやくわかってきました

わが家の農作業のピークは夏。7月から8月にかけては収穫ラッシュで、息つく暇もないほどの忙しさ。のんびりお昼を作る余裕もなく、いかに早く用意するかが最優先です。結果、麺類やカレーなど1品ものが増えるのですが、最近はもっと力を抜いてもいいなと思うようになりました。しょうが焼き風に味つけしたなすを、あつあつの白いごはんにのせるだけ。もぎたてのとうもろこしを、レンジで蒸すだけ。新鮮な野菜を、シンプルな調理でシンプルに食べる。それで十分だと感じています。

玉ねぎを軒下で保存しています。風通しのいい場所で乾燥させると、半年以上長もちします。

ゆでとうもろこしとなすのしょうが焼き丼

とうもろこしは、ゆでるよりレンチンがとびきりおいしい

収穫後すぐに糖度が落ちるので、1秒でも早く調理をしたい。そこでレンジの出番です。私は畑でもいだら、作業着も脱がずにレンジに入れてしまいます。

材料（2人分）

とうもろこし…2本

作り方

とうもろこしは水で濡らし、ラップで1本ずつ包んで電子レンジで8分加熱する（1本につき4分）。取り出してラップをかけたまま3分おく。

小麦粉をまぶしてたれをからめます

なすのしょうが焼き丼

おむすびにのせても
おいしいよ！

材料（2人分）

なす（1cm幅の縦切り）…2本（200g）
小麦粉…大さじ1
A しょうゆ…大さじ1
　砂糖…小さじ2
　酒・みりん…各小さじ1と1/2
　しょうが（すりおろし）…1かけ
ごはん…茶碗2杯分（300g）
サラダ油…大さじ1

作り方

1 ポリ袋になす、小麦粉を入れてまぶす。

2 フライパンにサラダ油を熱し、**1**を焼く。7〜8分ほど、焦げ目がつくまでじっくり焼いたら火を弱め、Aを加えてからめる。

3 器にごはんを盛り、**2**をのせる。あれば山椒の葉（分量外）を飾る。

万能だししょうゆがあれば、味つけ迷わずスピードごはん！

どんなに疲れていても、絶対に手作りするものがあります。それが、自家製の万能調味料。なかでも重宝するだししょうゆは濃厚なそばつゆ風で、煮ものから焼きもの、炒めものまで万能に役立つのが自慢。市販のめんつゆよりうまみが強く、どんな素材もおいしく調理できるんです。

何より時短効果がバツグン！　煮ものも炒めものも5分で完成です。焼き鮭と小松菜の煮びたしというこのお昼ごはんは、たったの15分で作ったんですよ。調味料を合わせる手間がないからできた時短ワザです。

かつお節ではなく混合節で作るのがこだわり。半量なら、お茶パックに入れて煮出すと手軽。

焼き鮭と小松菜の煮びたし

たっぷり作って、煮ものや炒めものにフル活用します

万能だししょうゆ

材料（約3カップ分）

しょうゆ・みりん
…各2カップ
混合節またはさば節
…40g

作り方

鍋にみりんを入れて火にかけ、沸騰後、2〜3分煮てアルコールをとばす。

しょうゆを加えてひと煮立ちさせたら混合節を加え、弱火で10分煮る。

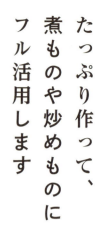

3 さましてざるなどで漉す。

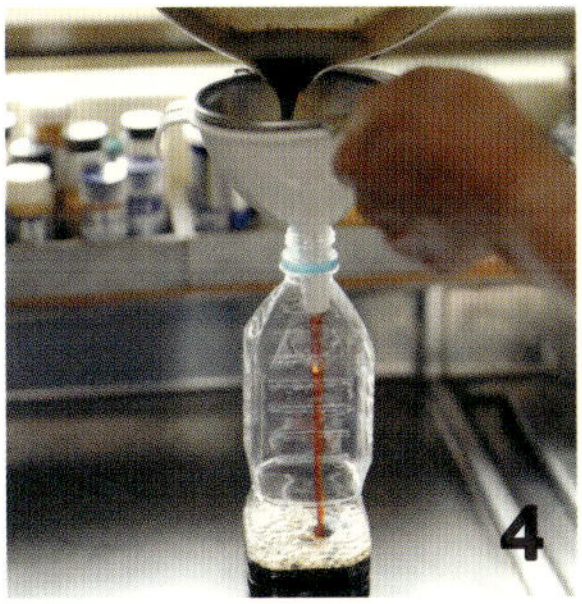

4 茶こしで漉しながら清潔な容器などに入れ、冷蔵室で保管する。

サッと煮るだけ。作りおきもできます

小松菜の煮びたし

材料（2人分）

- 小松菜（軸は4cm、葉は2cm長さに切る）…1袋（200g）
- 油揚げ…1枚
- A
  - 水…1と½カップ
  - 万能だししょうゆ（→P.22）…大さじ2と½
  - 酒…大さじ1

作り方

1 油揚げは熱湯をかけて軽く絞る。縦半分に切り、1cm幅に切る。

2 鍋にAを入れて火にかけ、沸騰したら小松菜の軸の部分、1を加える。軸の部分がほぼやわらかくなったら葉を加え、1分煮る。

農作業の疲れを癒やしてくれるのは、手作りジュースに限ります

手作りジュースにもいろいろありますが、私が作るのは、スムージーや野菜ジュースではありません。農作業で滝のような汗をかいたあと、ごくごくと喉をうるおせるさっぱりした味——梅やしそのジュースです。

初夏、青梅が出回るころに仕込むのは、梅シロップ。炭酸や水、お酒で割ったり、凍らせてシャーベットにしたり、楽しみ方はいろいろ。しそジュースは赤じそ、青じそ、どちらも後味がよく、疲労回復効果も満点です。夏を乗りきるために欠かせない、農家の健康ドリンク。いかがですか？

農作業から帰ってきたら、水で約5倍に薄めて飲みます。漬けた梅も、ひと粒入れて疲労回復に役立てて。

3年ものの梅シロップ

一度凍らせると漬かりやすくなります

コツは、青梅を凍らせておくこと。組織が壊れて砂糖がよく浸透します。上白糖より純度の高いグラニュー糖のほうが、梅の味が引き立ち、さっぱり仕上がります。

材料（作りやすい分量）

青梅…1kg

グラニュー糖（または氷砂糖）…1kg

作り方

1 青梅は洗って半日水につけ、アク抜きをする。清潔なふきんで水けをしっかりと拭き取り、竹串などでへたを取り除く。

2 ポリ袋に入れ、ひと晩冷凍室におく。

清潔な保存びんに**2**、グラニュー糖を交互に詰め(梅が見えないように最後はグラニュー糖で覆う)、冷暗所におく。

3〜4日たってグラニュー糖が溶けてきたら、ときどきゆすって砂糖を全体に行き渡らせる(下にたまっている場合はびんを逆さにしたり、清潔な菜箸などで混ぜて溶かす)。

砂糖が完全に溶けるまでおく(約10日)。

梅シロップの楽しみ方

牛乳で割ると、ヨーグルトドリンクのようななめらかな味に。それを凍らせて、シャーベットにするのも大好きな食べ方。マンゴーなどフルーツを入れるとさらにおいしい。

牛乳で割って凍らせると
甘酸っぱいシャーベットに!

青じそジュース

定番の赤じそジュースの応用版

真夏になると、どの農家の家に行っても出てくる赤じそジュース。青じそでも作り方は同じですが、色が薄い分、清涼感いっぱい。アクを取ると日もちがよくなります。

畑で疲れきったとき、赤じそジュースを飲むと体が生き返ります。

材料（作りやすい分量）

青じそ（よく洗う）…50枚（50g）
砂糖…500g
酢・食用クエン酸…各大さじ1

作り方

鍋に水1ℓを沸かし、青じそを入れる。15分煮て火からおろす。

ざるにガーゼをかぶせて濾す。トングなどでガーゼを持ち上げ、しっかり水けを絞る。

2で絞った汁を鍋に戻し、砂糖、酢を加える。

15分煮たら、火を止めてクエン酸を加える。

さめたら清潔な保存びんに入れ、4～5倍に薄めて飲む。

ほんのり甘い野菜のおやつ。疲れた体に優しくしみます

お店というものがまったくない場所に住んでいるので、ちょっと甘いものが食べたくなっても簡単に買いには行けません。どうするかというと、自家製デザートを用意しておくんです。夏の定番はアイスクリームでパフェ、それにトマトのコンポート。

コンポートはトマト農家さんに教えてもらったのですが、まるで桃かライチのようにみずみずしくて甘い。トマトに砂糖をかけただけとは思えません。この果汁にレモン汁と水を加えてゼリーにしたり、凍らせてシャーベットにするのもおいしいんです。

大きなトマトでも作れるし、フルーツトマトでも！　もし、残念な味のトマトだったとしてもこのレシピでおいしくいただけます。

ミニトマトのコンポート

材料（2人分）

ミニトマト（へたを取る）…10個
砂糖…大さじ2

作り方

沸騰した湯にミニトマトを5秒ほどつけて皮をむき、ボウルに移して砂糖をかける。冷蔵室で3時間ほど冷やす。

ササッと作れるものを多めにして、しっかりいただきます

晩ごはんのしたくは夕暮れとともに。冷蔵庫の在庫ボードを見ながら30秒で献立を決め、30分以内で作ります。肉体労働ですから基本的にボリューム重視ですが、最近多いのは、ひと皿のハードルを下げて品数多く作るパターン。常備菜を作りおきしたり、肉と野菜はいっしょに焼くなど段取りよく進めると、時短おかずでも豪華な献立に見えるんです。

食べたいものを頑張って作る日、時間をかけずラクする日。365日にメリハリをつけ、主婦の仕事を楽しんでいます。

この日の献立は

- 鶏の照り焼き
- 自家製☆なめたけ
- ズッキーニの土佐煮
- オニオンスライス
- 春菊の白だしあえ

ものすごい速さで何品も出すと、主人も驚いて「すごいやん。いつ作ったん？」なんて言います。なんだかちょっと誇らしい気分。

多めに作りおき。ごはんがすすみます！

自家製☆なめたけ

材料（作りやすい分量）
えのきだけ（半分に切りほぐす）…4袋（400g）
A
万能だししょうゆ（↓P.22）…大さじ6
砂糖・酢…各小さじ4

作り方

1 小鍋にAを入れて火にかける。

2 沸騰したらえのきだけを入れる。

3 7分ほど煮て、水分がなくなりとろみが出てきたら火を止める。

短時間でサッと炒めると、たけのこのような食感！

ズッキーニの土佐煮

材料（2人分）

ズッキーニ…1本（200g）
かつお節…3g
A
- しょうゆ…大さじ1と1/2
- 酒…大さじ1
- 砂糖・みりん…各小さじ1と1/2

サラダ油…小さじ2

作り方

1. ズッキーニは縦4等分に切って、長めの乱切りにする。
2. フライパンにサラダ油を熱し、**1**を2分炒める。
3. かつお節を加えてざっくりと混ぜ、Aを加えて汁けがなくなるまで炒め煮にする。

鶏の傍らで、野菜もいっしょに焼いちゃう！

鶏の照り焼き

材料（2人分）

鶏もも肉（厚みを均等にする）…1枚
グリーンアスパラガス…4本
万能照り焼きだれ…大さじ2〜3
サラダ油…小さじ1

作り方

1 アスパラは下のかたい部分をピーラーでむき、斜め半分に切る。
2 フライパンにサラダ油を熱し、鶏肉の皮を下にして焼く。皮に焼き色がつき、脂が出てきたら裏返す。あいているところに**1**を入れ、焼けたらいったん取り出す。
3 肉の中まで火が通ったら、アスパラを戻し入れ、照り焼きだれを加えてからめる。

万能照り焼きだれ

保存は 冷蔵 約2週間

材料（約1と1/2カップ分）

しょうゆ…1カップ
砂糖…80g
酒・みりん…各大さじ4

作り方

鍋にすべての材料を入れて火にかけ、沸騰後、1分煮る。粗熱が取れたら清潔な保存びんなどに入れて冷蔵室で保管する。

晩酌する日は、アテをいろいろ用意してゆっくり楽しみます

心身ともに元気で時間に余裕があるとき、ふいに「おうち居酒屋」を楽しみたくなります。冷酒が好きなので、アテは和食一辺倒。というより野菜一辺倒かな。すっきりとして、素材を邪魔しないお酒が好みだから、素朴な味つけの野菜がいちばん合うような気がするんですよ。

ひとたび晩酌スイッチが入ると、肴作りも気合いが入ってこの通り。1品はシンプルでも、たくさん並ぶとワクワクするでしょう。ちなみに、ほろ酔いで適当に作ったおつまみほど大成功だったりします（笑）。

この日の献立は

- ほうれん草と牛肉の炒めもの
- 丸ごと1本☆ゆでオクラ
- セロリのおかかきんぴら
- セロリの葉のつくだ煮
- なすの揚げびたし
- きゅうりとかにかまの酢のもの

うまみたっぷり。サッと炒めるだけで簡単！

ほうれん草と牛肉の炒めもの

材料（2人分）

ほうれん草（5㎝長さに切る）…1袋（200g）
牛こま切れ肉（食べやすい大きさに切る）…100g
塩・こしょう…各少々
しょうゆ・かつお節…各適量
サラダ油…小さじ1

作り方

1 フライパンにサラダ油を強火で熱し、牛肉を1分ほど炒める。

2 ほうれん草を加えて2分炒め、塩、こしょうをふってざっと混ぜる。器に盛り、かつお節をのせ、しょうゆをかける。

おいしいおしょうゆをタラッと垂らしてどうぞ

丸ごと1本☆ゆでオクラ

材料（2人分）

オクラ（ガクを除く）…10本
かつお節・しょうゆ…各適量

作り方

1 オクラは熱湯で2分ゆでる。ざるにあげて冷水でさます。

2 器に盛り、かつお節、しょうゆをかける。

おしょうゆの話

かけしょうゆには、お気に入りの「湯浅醤油」を。濃厚でうまみが強く、ゆで野菜や冷ややっこなどがとてもおいしく食べられます。

斜めに切るのがコツ。筋を取らなくてもいいんです

数ある野菜のなかで、いちばん大好きなセロリを炒めものに。斜め切りにすると翌日でも歯ごたえが残り、味もさらにしみ込むので作りおきにもおすすめです。

セロリのおかかきんぴら

材料（2〜4人分）

セロリ（5㎜幅の斜め切り）…4本（400g）
赤唐辛子（半分に切り種を取る）…1本
A 砂糖・しょうゆ…各大さじ1と½
　酒…大さじ1
B 白いりごま…大さじ1
　かつお節…5g
ごま油…大さじ1

作り方

1 フライパンにごま油、赤唐辛子を中火で熱し、セロリを2分炒める。
2 Aを加えて強火にし、3分炒める。汁けがなくなったらBを加えてざっと混ぜる。

もったいないと思っていた葉っぱは常備菜に変身！

セロリの葉は捨てたらもったいないですよ。茎より栄養豊富だし、クセのあるものほどつくだ煮にするとおいしいんです。ごはんに混ぜたり、卵焼きに入れても。

セロリの葉のつくだ煮

材料（作りやすい分量）

セロリの葉（細い茎もOK）…100g

A しょうゆ・砂糖…各大さじ1

白いりごま…大さじ1

作り方

1 セロリの葉は熱湯で10秒ほどサッとゆでてみじん切りにし、軽く水けを絞る。

2 フライパンに1、Aを入れて弱火にかけ、汁けがなくなるまで5分ほど炒める。火を止めて白いりごまをふり、混ぜる。

とろ～りとした食感がたまらなくおいしい

なすの揚げびたし

材料（1～2人分）

なす（縦半分、横半分に切り、7㎜厚さに切る）…1本（100g）

A
- 水…$\frac{3}{4}$カップ
- しょうゆ・みりん…各大さじ1

かつお節…3g

揚げ油…適量

作り方

1 鍋に揚げ油を180℃に熱し、なすを素揚げにして油をきる。

2 小鍋にAを入れて煮立て、**1**、かつお節を加える。

これさえあれば、酢のものはあっという間！

冷蔵庫の残りものがなんでも酢のものになる、魔法の万能調味料です。酢は疲労回復に効くので、積極的にとるようにしています。

万能酢

材料（作りやすい分量）

酢…1と$\frac{1}{2}$カップ

砂糖…大さじ8

しょうゆ…大さじ4

和風顆粒だしの素…小さじ4

作り方

鍋にすべての材料を入れて火にかけ、砂糖を溶かす。取り出してよく混ぜ、粗熱が取れたら清潔な容器などに入れて冷蔵室で保管する。

きゅうりとかにかまの酢のもの

材料と作り方（2人分）

きゅうり1本は薄切りにして塩ひとつまみをふり、5分おいて水けを絞る。ボウルにきゅうり、ほぐしたかに風味かまぼこ2本を入れ、万能酢大さじ2であえる。

農家のひとりごと

村のお母さんが教えてくれた「あたりまえ」のはなし

便利で楽しい街の生活から、いきなり信号もコンビニも病院もない村への移住。ある程度の不便は覚悟していましたし、不安と期待でいえば、期待のほうが断然上回っていましたが、初めての田舎暮らしは驚きの連続でした。

最初の格闘は家。借りたのはとても古い平屋の古民家で、鉄で覆った屋根の下はわらぶきなんです。天井まで３ｍもあって、夏でもクーラーいらず…ということは、冬は半端ない寒さ。エアコンなんてまったく効きません。真冬は、室内より冷蔵庫の野菜室のほうが暖かいくらいなんですよ。

その家に住みはじめてすぐのころ、とてもショックな出来事が起こったんです。それはカビ。洋服、バッグ、靴、ベルト、財布…ありとあらゆる革製品と木製品、新調したばかりの畳がカビだらけになってしまって…。畳のカビなんて胞子が見えるくらい育ってしまい、アレルギー体質の私はカビくささで鼻の奥が痛くなるほど。拭いても拭いてもカビは消えないし、ネットで調べてもわからない。体調も悪くなる。悩んで、悩んで、どうしようもなくなったとき、婦人会で会ったお母さんたちに相談したんです。

婦人会というのは、村に住んでいる女性たちの集まり。世帯数が20もないので10人ちょっとですが、毎月1回、共同施設や氏神さまに関わるお金などの集金をするのがおもな目的です。集金後、わいわいと話しているとき「じつはカビで困ってて…」と切り出した私に、お母さんたちの意見は全員一致。「あたりまえ」でした。山に囲まれた古民家は湿気が多いうえに、昼間は農作業で窓を閉めっぱなし。革製品や畳にカビが生えるのは当然だと言うのです。

「あたりまえ」。なんていい言葉なんだろうと、すっかり感心してしまいました。だって、起こるべくして起こっている、つまり必然なのだから悩む必要なんてないんです。すべてを受け入れざるを得ない。考えてみると、農業はままならないことがあってあたりまえ。台風に見舞われた、雨が降らない、アライグマに野菜を食べられた！　などなど数え上げればきりがありません。大切なのは、何が起こってもまず現実を受け入れること。そして、落ち着いて対策を考えること。農家は「受け入れ上手」なんです。

あたりまえだよ、と優しく言葉をかけてもらったあと、畳に生えたカビの取り方、その後の手入れ、カビを生やさないための通気のコツなどいろいろ教えてもらって、すっかり元気になった私。以来、わからないことを婦人会で聞くのが楽しみになってしまいました。

農家になりたてのころに教えてもらった「あたりまえ」という言葉の力。地に足がついた暮らしの知恵。15年たった今も、懐かしく、あたたかく、思い出します。

村のお母さんは「気配り」「心配り」「目配り」がすばらしくて。若輩者の私、まだまだ学ぶことがいっぱいです。

春・夏の野菜おかず

春

山あいの小さな村落に、
今年もまた遅い春が巡ってきました。
木々が芽吹き、色鮮やかな花が咲きはじめて…。
たくましい自然の営みに、心が弾みます。

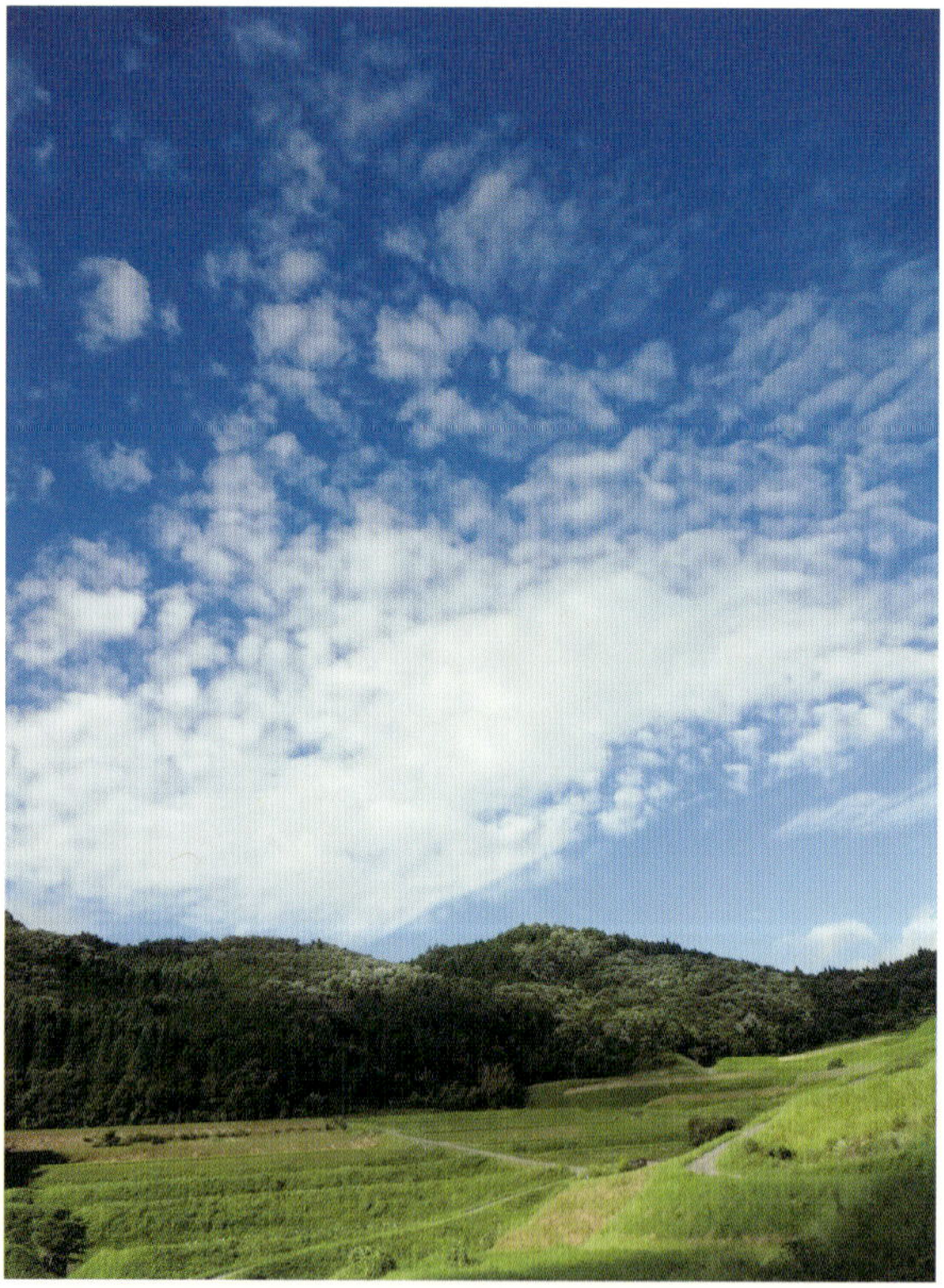

夏

どこまでも青い空、まっ白な雲。

抜ける風の気持ちよさに

つかの間、疲れも忘れて夏を満喫します。

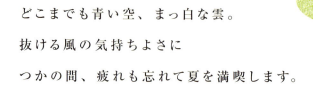

春の知らせは、ロウバイの黄色い蕾。
薄い花びらが小さく開きはじめ、土の中からひょっこりと
福寿草が顔を出すころ、私たちの1年がゆっくりと始まります。
今年は気候が安定して豊作になりますように…と願いを込めて
畑リレーの第1走者、小松菜作りからスタート。
桜、山つつじ、藤などの山の花を遠くに眺めながら
わが家の中庭に立つ、もみじの新芽にも目を凝らします。
私は、そのもみじを見上げるのが大好き。
やがて、あたりはまぶしいほどの新緑に包まれ、
すがすがしい、畑びよりの日々が続きます。

7月から8月は畑の最盛期。

天気予報と雨雲レーダーをにらめっこしながら
毎日畑に出て夏野菜を収穫します。
空から差す太陽光線はじりじりと、焦げつくように暑いけれど
オクラの大きな葉っぱに隠れれば、ひんやり。別世界のよう。
かしこいカラスときゅうりの攻防戦あり、
かわいいカエルの癒しあり。毎日が慌ただしく過ぎてゆくので、
ゆっくり何かしている余裕はないけれど、
自然のなかで生きている。生かされてることが心地よく思う夏です。

野菜や花の種を入れている工具箱は、私の宝箱。たまに開いては、種を眺めて楽しんでいます。新種やユニークな名前の野菜を見ると、つい買ってしまいます。

春の野菜

春・夏の野菜おかず

旬の玉ねぎはみずみずしく甘みもたっぷり。おいしさも格別です

春の旬といえば新玉ねぎ。水分が多くてジューシーなのでどんな食べ方をしてもおいしいのですが、私はあえて材料ひとつで食べるのも好き。甘辛い煮汁でくったりと煮たり、甘みが出るまで香ばしく焼いたり。新玉ねぎのうまみをじっくりと味わえるので、じつはぜいたくなひと品なんです。

切り方によっても食感が変わります。とろとろを味わうなら、輪切りにして繊維を断ち切るのがコツ。味がしみ込みやすく、白いごはんによく合うんですよ。

新玉ねぎだけのとろとろ煮

材料（1〜2人分）

新玉ねぎ（1㎝厚さの輪切り）…1個（200g）

A
- 水…3/4カップ
- しょうゆ・みりん…各大さじ1と1/2

しょうが（すりおろし）…1かけ

かつお節…3g

作り方

鍋にAを入れて火にかけ、煮立ったら玉ねぎを入れる。ふたをして、弱めの中火でやわらかくなるまで10分ほど煮る（途中、2度ほど玉ねぎを裏返す）。かつお節を加えてサッと混ぜる。

春のわずかな時期だけ、葉つきの玉ねぎも出
回ります。青い玉ねぎの葉はとてもおいしく、
長ねぎの青い部分のように食べられるんです。

春の野菜

これでもか！ というくらい、どっさりすりごまをかけるのが好き

新玉ねぎの香ばしごま塩焼き

材料（1～2人分）

新玉ねぎ（1cm厚さの輪切り）…1個（200g）

A 白すりごま…小さじ2
　塩…少々

ごま油…小さじ2

作り方

1 フライパンにごま油を熱し、玉ねぎを焼く。焼き色がついたら裏返し、ふたをしてやわらかくなるまで焼く。

2 器に盛り、Aをふる。

春の野菜

はちみつをちょっと入れると飲みやすくなります。体にいいのよ

玉ねぎの皮茶

材料（作りやすい分量）

玉ねぎの皮（できれば無農薬・よく洗う）…3個分

水…2と1/2カップ

作り方

鍋にすべての材料を入れて10分煮る。粗熱を取り、冷蔵室で冷やす。飲むときは水または麦茶で2倍に薄める。

玉ねぎを使ったら皮だけ保管してエキスを煮出します。抗酸化成分に期待。

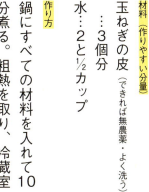

品種の違いが楽しいじゃがいも。料理に合わせて使い分けています

野菜の種カタログを見るのが大好きです。へえーっと思うような珍しい品種だったり、おもしろい形や色があったり、見ていて飽きません。出荷用とは別の家庭用の畑は、好きな品種が試せる実験場。次は何を作ろうかと夢がふくらみます。

じゃがいもの種類は、スーパーにも並んでいるので知っている方も多いでしょう。私は「男爵」「メークイン」「インカのめざめ」の3つを定番で育てていて、種類に合わせて調理方法や食べ方を変えています。男爵はほくっとしているので、ポテトサラダやグラタンにしたり、すりおろして餅のように焼いたり。崩れにくいメークインは、煮ものや炒めものに。薄切りや細切りにして炒めるとシャキッとした歯ごたえになるので、ほっこりしたいもが苦手な男性におすすめです。そして、大好きなインカのめざめは、ほくほくした栗のような味。実家の父はじゃがバターで食べるのがお気に入りです。

品種に注目してみると、その野菜の魅力がさらに深まります。機会があればぜひ、農家気分で食べ比べてみてください。

バターの香りがふわり。甘辛味のたれをからませるように煮つけます

新じゃがのバター照り焼き

材料（2人分）

新じゃがいも（洗って皮ごと4等分に切る）…6個（300g）

バター（またはマーガリン）…10g

A
- 水…1と1/2カップ
- しょうゆ…大さじ2
- 砂糖…小さじ4
- 酒・みりん…各小さじ1と1/2

作り方

鍋にバターを溶かし、じゃがいもを炒める。全体にバターが回ったらAを加え、汁けがなくなるまで弱めの中火で煮る。

農家の知恵

じゃがいもの保存は…

基本は常温ですが、暑かったり光に当たる場所に置くと芽が出やすくなります。夏など気温が高い時期は、新聞紙などに包んで野菜室で保存しても。

「新○○」という野菜は、旬のものだからやはりおいしい。「今食べて！」という野菜からのメッセージ、受け取ってあげてください。

じゃがいものでんぷんで、もっちもちの食感になるんです

じゃがいものすりおろし焼き

材料（4枚分）
じゃがいも…3個（300g）
塩…少々
好みのトッピング
（桜えび・青ねぎやオクラの小口切り）
…各適量
A ポン酢しょうゆ・
　コチュジャン…各適量
ごま油…小さじ2

作り方

じゃがいもはすりおろす。

ボウルを重ねたざるに移し、軽く押さえて汁けをきる。

2のおろし汁はそのまま5分ほどおき、でんぷんが底に沈殿したら上澄みを捨てる。

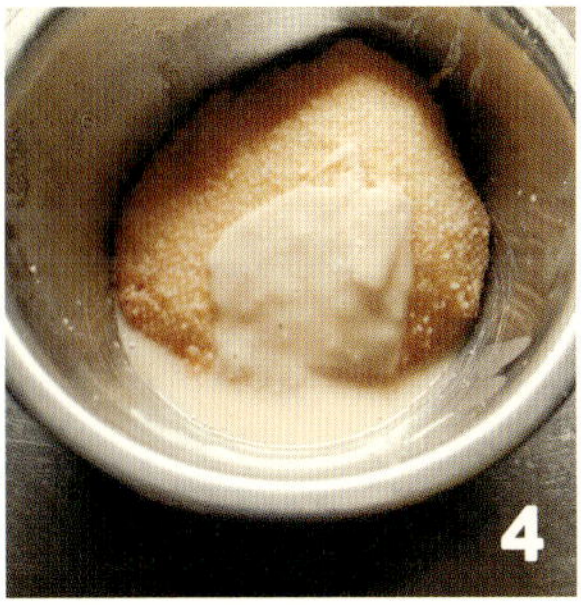

2のすりおろしに**3**、塩を加えて混ぜる。

フライパンにごま油を熱し、**4**を1/4量ずつ入れて丸く広げる。好みのトッピングをのせる。

薄く焼き色がついたら裏返して同様に焼く。器に盛り、合わせたAを添える。

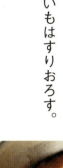

短い旬にしか楽しめないもの。季節の恵みをいただきます

畑から帰ってくると、家の玄関前にとれたての農作物がどっさり…これ、「農家あるある」です。ご近所の誰かが、食べきれない分をそっとおすそ分けしてくれるんですよ。おいしいときに食べてほしいという気持ちは農家共通の思いですから、いつでもありがたくいただいています。

春は、たけのこをいただく機会もよくあります。たけのこはとうもろこしと同じくらい、鮮度が命。手にしたら大急ぎで台所へ行き、下ゆでして冷蔵室へ。水につけておくと1週間ほどはおいしく食べられます。

近所にふきのとうが自生する場所があって。春は山ほど摘んで、ふきのとうみそ作りにいそしみます。

たけのこの焼きもの２種

薄味で煮たたけのこは、木の芽みそであえてもおいしい。私は庭の山椒の木の新芽で作りますが、とても香り豊かです。

下煮で味をつけてから焼くのが、おいしさの秘訣です

バター焼きと豪快焼きは、途中まで同じ作り方。面倒でも先に下煮をすると味が入りやすくなります。下煮した状態での保存は冷蔵室で2～3日。

たけのこの豪快焼きとバター焼き

材料（4人分）

たけのこ（ゆでたものか水煮）…1本（約300g）

A
- 水…2カップ
- 万能だししょうゆ（作り方P.22）…1/4カップ

しょうゆ…適量

バター（またはマーガリン）…適量

粗びき黒こしょう…少々

作り方

1 たけのこは縦に4～8等分する。

2 鍋に**1**、Aを入れ、弱めの中火で30分煮る。火を止めてそのままさまし、たけのこを取り出して汁けを拭く。

3 フライパンに**2**の半量を並べて焼き、焦げ目がついたらはけでしょうゆを塗る。全体に香ばしい焼き色がつくまでさらに焼き、器に盛る。

4 汚れを拭いてバターを溶かし、残りのたけのこをこんがり焼いて、粗びき黒こしょうをふる。

たけのこの下ゆで

先輩農家さんに教えてもらった、農家直伝のゆで方です。皮はむかずにそのまま入れ、はがれそうな皮だけ取り除きながらゆでるのがコツ。若々しい竹の風味が残ります。

材料（1〜2本分）
たけのこ…1〜2本
米ぬか…ひとにぎり
赤唐辛子…2〜3本

保存は 冷蔵 約1週間
保存容器に入れて水につけ、冷蔵室で1週間（毎日水を替える）

1

2

3

1 たけのこは穂先の部分を斜めに切り落とし、まん中から縦に切り込みを入れる（穂先から半分くらいまで）。

2 鍋に**1**、米ぬか、かぶるくらいの水、赤唐辛子を入れて中火にかける（米ぬかと水の代わりに米のとぎ汁でも）。煮立ったら弱めの中火にし、たけのこの根元の部分に竹串が通るまで、30〜40分ほどゆでる。

3 火を止めてそのままさまし、完全にさめたら皮をむく。

農家のひとりごと

農家流在庫管理と時短のはなし

農家生活15年の歳月は、日々、時間と戦っていたような気がします。繁忙期の畑仕事はとても忙しく、睡眠と仕事で1日の大半が終わってしまい、残った時間で3食のごはん作り、洗いものや掃除、洗濯などの家事。自分の趣味にあてる時間だってもちろん欲しい…となると、どこかで「時短」をしなくてはなりません。そこで考えたのが「家事の効率化」です。

たとえば買い物。繁忙期は月に1度か2度しか行けなくなるので、買い忘れがないようにわが家専用の在庫チェックリスト

を作り、食材の管理をしています。生鮮品、調味料、麺類、飲料、さらに生活雑貨の項目までリストにしたペーパーをバインダーにはさみ、1か月に1回、冷蔵庫、シンク下、洗面所の棚まで開けて在庫を確認。買い漏らしがないかよ～く確かめてから買い物に出かけます。1回の買い物でかご6個分、20袋分くらい買いますから、帰ってくるとぐったり。でも、そこでだらけているわけにはいきません。あとで探さずすむように、生活雑貨やストック食材はそれぞれ所定の場所に収納し、1週間以内に食べるものは冷蔵庫や野菜室へ。残りはすべて、その日のうちに下ごしらえして冷凍します。日にちがたって傷みはじめ、慌てて冷凍庫に放り込むより、新鮮なうちに冷凍したほうがずっとおいしく食べられるからです。

肉はだいたいキロ単位で買うので、冷凍するときは100g、200gなど使いやすい量に小分け。なんの肉でいつ買ったかわかるように、買ったときのパックのシールを貼っておくのも忘れません。魚介はすべて下処理。フライがすぐ作れるようにころもをつけておいたり、すり身にしてつみれを作ったり。全部の仕込みを終えたら、冷蔵庫横に置いた在庫ボードを更新して終了。食材の名前を書いておくと、いちいち扉を開けなくてもひと目で中身がわかる——という流れです。

農作業でクタクタになっているときに、この買い出しと在庫管理は本当に大変。在庫ボードを書くのも正直に言えば面倒なのですが、冷凍室から食材を探す時間、献立を考える時間は確実に短縮できます。分数にしたらどれも小さな時間ですが、1日10分短縮すれば1年で60時間ももらえる。ブログを書いたり、好きなテレビドラマを楽しむことができるのも、こうした小さな時間の積み重ねがあればこそです。

時間がないと言って嘆いているだけでも前進できないし、ゆったりとした時間を探しても簡単には捻出できない。それならひとつひとつの小さな作業を効率よく進めて、時短家事を趣味のように楽しんで実践する。長い農家生活でつかんだ、私なりの暮らしの知恵です。

家事の一部始終を見守っているごんぼさん。仕事に参加してみたり、邪魔したり、毎日大忙しです。

仕事も効率化は大切。どう収穫したら早いか、次の作業に移れるか。いつも最短時間を考えながら進めています。

きゅうりのいろんな食べ方を知ったのは、農家になってから

きゅうりといえば生で食べるものと思っていました。ところが、農家では加熱して食べるのが常識なんです。焼いたり炒めたり、皮と種を取って、とうがんのように煮るのもふつうのこと。出荷できないきゅうりが山ほどあるから、たくさん消費できて飽きない食べ方を考えるんですよ。

きゅうりはほとんどが水分なので、大根おろしのようにすりおろして料理に添えるときもあります。熱湯でゆでたり、塩をふって、水けを絞るのもおいしく食べる方法。シャキッとした食感になります。

同じ太さ、同じ長さでまっすぐ育てられるようになったらきゅうり農家として一人前。まだまだ修業が必要です。

煮ものに向くのは、大きすぎるきゅうり。皮をむいてスプーンで種を除いて煮ものにしたら、皮はきんぴらにするとムダがありません。

パリッパリの食感。手軽に作れるレシピに

簡単！ きゅうちゃん漬け

先輩農家さんに教えてもらった作り方を、さらに簡単にしました。熱湯でサッとゆでて水分を抜き、水けをギューッと絞るのがコツ。市販のものにも負けない味です。

材料（作りやすい分量）

きゅうり（5mm厚さの輪切り）…3本（300g）

A
- しょうゆ…大さじ4
- みりん…大さじ2
- 酢…小さじ1と1/2
- 昆布（細切り）…2cm分
- しょうが（せん切り）…1かけ

白いりごま…大さじ1

1 鍋に湯を沸かし、きゅうりを入れる。再び沸騰したらざるにあげる。

2 粗熱が取れたら、ふきんなどで包んで水けをしっかり絞る。

3 鍋にAを入れて火にかけ、煮立ったら**2**を入れる。

4 再び沸騰したら火を止め、白いりごまをふる。保存容器に入れ、冷蔵室に1日おく。

夏野菜のなかで、いちばんよく食べるきゅうり。きゅうちゃん漬けだけでなく、毎日のように酢のものにして夏バテ予防しています。

なすは油で揚げるのが最高においしいんです

何度も言っていますが、なすは油と相性がよく、揚げるのが最高。ジューシーなおいしさが堪能できると思います。フライでもいいし、ころもをつけた串揚げもおすすめです。

なすとささみの串揚げ

材料（9～10本分）

なす（1.5㎝角に切る）…1本
鶏ささみ肉（1.5㎝角に切る）（100g）…150g
天ぷら粉（同量の水で溶く）…大さじ5
パン粉…適量
A マヨネーズ・トマトケチャップ・とんかつソース…各適量
揚げ油…適量

作り方

1 鶏肉、なすは交互に串に刺し、水で溶いた天ぷら粉を手で塗り、パン粉をまぶす。
2 鍋に揚げ油を180℃に熱し、**1**を揚げる。油をきって器に盛り、同量で混ぜたAを添える。

農家の知恵

おいしいなすの選び方

「黒光り」していて、へたの下は白っぽく、お尻はかたすぎないもの。キズがあるのもいいんですよ。ポリフェノールたっぷりで栄養価も高いはずです。

収穫しながら、なすのやわらかさに合う肉は
なんだろう？　とつらつら考えていて。浮か
んだのが鶏ささみでした。これは大正解！

オクラって、太陽を目指して育つたくましい野菜なのです

畑で日光にずっと当たるので、夏バテ対策は欠かせません。疲労回復に効くと言われる食べ物もできるだけとるようにしていて、ひとつは酢のもの。もうひとつはネバネバ野菜で有名なオクラです。

オクラは夜と朝に何度か花を咲かせたあと、粘りのあるかたまりになってポトリと落ちます。そして実が生まれるのですが、空に伸びていく姿の雄々しいこと。背たけも最盛期は2m以上あり、真夏の畑でもひときわ元気なんです。だから、私たちの体作りにも大きな仕事をしてくれるんですね。

1日遅れるだけで出荷できないほど巨大に。目を凝らし、適期を逃さないよう収穫します。

オクラは細かく刻まなくてもおいしい！

やみつきオクラ

材料（2人分）
オクラ（ガクを除く）…10本
A 赤じそふりかけ…小さじ½
しょうゆまたはめんつゆ…小さじ1～2

作り方
1 オクラは沸騰した湯で2分ゆで、5㎜幅に切る。
2 ボウルに**1**、Aを入れてあえる。

オクラのとろろごろも

材料（2人分）
オクラ（ガクを除く）…10本
とろろ昆布…20g
しょうゆまたはポン酢しょうゆ…適量

作り方
1 オクラは沸騰した湯で塩ゆでし、粗熱を取る。ペーパータオルで水けを拭き取る。
2 **1**にとろろ昆布を1本ずつ薄く巻く。器に盛り、食べるときにしょうゆまたはポン酢しょうゆをかける。

農家の知恵

オクラのガクのむき方

丸ごと食べるときは、先端を切り落とさずに、かたいガクのところだけむくとムダがありません。へたを下にして少し立て、包丁を斜めにあててそぐのがコツ。

主人はオクラの粘りが好きではないけれど、丸ごとなら気にならないよう。私は大好きなので、１日軽く５本くらい食べてしまいます。

ゴーヤはわたも食べられるって知ってましたか？

最近、テレビ番組や雑誌などで野菜の栄養を取り上げることが増えてきました。私も農家として自分なりに効能を調べているのですが、野菜って捨てる部分ほど栄養が多いんですよね。ごぼうの皮、セロリや大根の葉、長ねぎの青い部分、ゴーヤのわたや種、ブロッコリーの茎…どれもみんな食べられるんですよ。

おすすめはゴーヤのわた。ふわふわして味がしみ込みやすくて…そう、お麩に近いかも。みそ汁、天ぷら…なんでもいけます。私は実の部分よりもずっと好きだなぁ。

たくさん収穫できるので、炒めものやあえもの、ジャムにまでしてせっせと消費します。

ゴーヤの塩昆布あえ

ゴーヤのわたと紅しょうがの天ぷら

ゴーヤ料理のもうひとつのおすすめは、ゴーヤチップス。軽く片栗粉をつけて2分揚げるだけでパリパリ！ ほろ苦さがやみつき。

おいしい塩をぱらりとふって、アツアツをどうぞ

ゴーヤのわたと紅しょうがの天ぷら

材料（ゴーヤ1本分）

ゴーヤのわた（種を取り粗く切る）…1本分

A 天ぷら粉（同量の水で溶く）…大さじ1
　紅しょうが…小さじ1

揚げ油…適量

作り方

1 ボウルにゴーヤのわた、Aを入れて混ぜる。

2 鍋に揚げ油を180℃に熱し、**1**を2分揚げる。

夏の野菜

パリッパリでいくらでも食べられます

材料（2人分）

ゴーヤ…$\frac{1}{2}$本（100g）
塩…小さじ$\frac{1}{2}$
A ┃ 塩昆布…5g
　┃ ごま油…小さじ$\frac{1}{2}$

作り方

ゴーヤは縦半分に切って種とわたを除き、7㎜厚さに切る。塩をまぶして10分おき、水けを絞る。沸騰した湯で3分ゆでて水けをきり、Aを加えてあえる。好みで白いりごま（分量外）をふる。

ゴーヤの塩昆布あえ

農家の知恵

長期保存は冷凍か天日干しで

洗って縦半分に切り、種とわたを取って薄切りに。生のまま冷凍すると約1か月保存できます。天日干しにすれば、もっと長もち。水でもどして簡単に使えます。

トマトはじっくり焼いて、うまみと甘みを凝縮させて

野菜は加熱で甘みが引き出されますが、トマトもそのひとつ。中火で片面1分間。絶対に動かさずに焼くことで、うまみが凝縮されます。パクチーは多めが正解。

焼きトマト、どっさりパクチーのせ

材料（1～2人分）

トマト（1㎝厚さの輪切り）…1個（150g）
パクチー…2～3本
A ナンプラー…小さじ2
　レモン果汁…小さじ1
　粗びき黒こしょう…少々
ごま油…適量

作り方

1 パクチーは茎のかたい部分を除き、2㎝長さに切る。
2 フライパンにごま油小さじ1を熱し、トマトを並べる。動かさずに1分焼き、裏返してさらに1分焼く。器に盛り、パクチーをのせる。
3 ごま油小さじ2、Aを混ぜ、**2**にかける。

モロヘイヤのすり流し

夏の野菜

滋養たっぷりのモロヘイヤ。トロトロ加減を味わって

強い粘りが特徴の野菜なので、とろみを生かしたすり流しにしてみました。冷やして飲むとあっさりとして、体の中からきれいになる気がします。

材料（2人分）

モロヘイヤ…½袋（50g）

A だし汁…1と½カップ

　薄口しょうゆ・酒…各小さじ1

塩…ひとつまみ

作り方

1 モロヘイヤは茎のかたい部分を除き、沸騰した湯で1分塩ゆでする。ざるにあげて冷水に取り、水けを絞る。

2 ミキサーに**1**、Aを入れて攪拌し、鍋でひと煮立ちする。好みで冷蔵室で冷やす。

サッとゆでて、ナッツで香ばしくあえるだけ

モロヘイヤはやわらかい葉の部分だけ使います。あっという間に火が通るので、ゆで時間は1分半。香ばしいピーナッツとあえれば、食欲のないときもするりと食べられます。

材料（2人分）

モロヘイヤ…1袋（100g）
塩…少々
A ピーナッツ（細かくすりつぶす）…20粒
　しょうゆ…小さじ2
　みりん…小さじ1

作り方

1 モロヘイヤは茎のかたい部分を除き、沸騰した湯で1分30秒塩ゆでする。ざるにあげて冷水に取り、水けを絞って粗く刻む。

2 ボウルに**1**、Aを入れてあえる。

農家の知恵

水に挿しておくと長もちします

モロヘイヤをはじめ、三つ葉、バジル、大葉など茎のしっかりした葉野菜は、水に挿して保存しましょう。何日かたっても葉がしおれず、とても長もちします。

モロヘイヤのピーナッツあえ

モロヘイヤ使いの裏技は、かき揚げの接着剤！
刻んだモロヘイヤをたねに混ぜると、粘りで
具がくっついて上手にまとめられますよ。

ほくほく甘～いかぼちゃは、おやつ感覚で食べてみて

お菓子作りが好きだったので、農家になってからもいろいろな野菜おやつを作ってきました。じゃがいもやれんこん、ごぼうなどを揚げてチップスにしたり、秋はさつまいもを使って干しいもやいもけんぴ。それから、かぼちゃのデザートも。甘いかぼちゃはおかずにすると好まない人もいますが、おやつ風にすれば意外と食べられるもの。このかぼちゃ餅もおすすめです。かぼちゃは栄養満点ですから、お子さんのおやつにもぴったり。ホクホクの甘さを気軽に楽しんでください。

苗を植えてから2か月め。かぼちゃの形ができました。軸の部分がコルク状になったら収穫。

かぼちゃはかたくて切りにくいので、先に電子レンジで１分ほど加熱してから切ります。包丁の刃がスッと入ってラクですよ。

夏の野菜

こ～んがり焼き目をつけて。バターの風味で香ばしく！

かぼちゃ餅

材料（4個分）

かぼちゃ…1/8個（200g）

A
- 片栗粉…大さじ4
- 塩…少々

ピザ用チーズ…適量

B
- シナモンパウダー・グラニュー糖（2：1で混ぜる）…各適量

バター（またはマーガリン）…大さじ1

作り方

かぼちゃは種とわたを取り、皮をむいてひと口大に切る。

鍋に**1**、ひたひたの水を入れて火にかけ、かぼちゃが崩れるまでゆでる。

ざるにあげて水けをきり、マッシャーなどでつぶす。

チーズ味、シナモンシュガー味、2種類をご紹介しましょう。甘い味が好きならシナモン、小腹がすいたときの軽食ならチーズ。どちらもかぼちゃの甘みによく合いますよ。

熱いうちにAを加え、手でよく混ぜる。

4を4等分して平らにのばし、ピザ用チーズ、Bを半量ずつ入れて包む。平丸に整える。

フライパンにバターを溶かし、**5**を並べて焼く。3分焼いたら裏返し、ふたをして2分焼く。

夏が来るたび思い出す、幸せのとうもろこし

初めて出荷した農作物は、主人が農業研修時代に作ったとうもろこしでした。一生懸命作ったけれど、1本たった30円。それでも主人はセリにかけられているのがうれしくて、そのとうもろこしを大阪にいる私にたくさん送ってくれました。箱を開けた瞬間、太陽の香り。こぼれるような甘い粒。思わず感動してしまいました。毎日とうもろこしを食べながら、早く2人で農業ができますように…と祈っていた私。夢がかなった今も、毎年のようにとうもろこしを作り、幸せな甘みを味わっています。

1日で栄養が半減し、糖度も落ちるといわれているので、とるのはいつも食べる直前。

夏の野菜

塩をぱらっとふるだけ。お酒のアテにも最高！

生とうもろこしのかき揚げ

材料（2人分）
とうもろこし（粒をはずす）…1本
天ぷら粉…大さじ3
水…大さじ1
塩…少々
揚げ油…適量

作り方

1 ボウルにとうもろこし、天ぷら粉大さじ1を入れ、粉がなじむように混ぜる。水で溶いた天ぷら粉大さじ2、塩を加えて軽く混ぜる。

2 鍋に揚げ油を180℃に熱し、**1**をスプーンなどで落として揚げる。

農家のひとりごと

ひまわり畑の台所のはなし

台所って、年齢によって好きなスタイルや使い方が変わると思うんです。たとえば私の場合。30代のころはかっこよさがいちばん大事でした。シンプルなメタルラックを置き、絶対に使うことのない、使い方もわからない調理器具や小物を飾りのように置いてみたり、よく使うものも扉の中にしまったり。モデルルームのように生活感のない台所に憧れていました。

50代の今は、厨房のような台所が好きです。おしゃれな道具もなければ、目を引く雑貨もなし。ただ、ひたすら使いやすい！そんな台所にしたくて、2年前に思い切ってセルフリフォーム

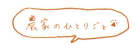

しました。棚を作って、調味料も乾物もすぐ手が届く位置に並べ、ツールも全部シンクの壁際に大集合。そうしたらね、立ち仕事がとってもラク！　腰痛持ちですが、台所に立つのがまったく苦になりません。
食材が目の前に見えるようになったら、使い残しもなくなりました。芽ひじきなら、茶こしに入れ、サッと洗って煮物に加えたり（意外に火の通りが早いんです）、ちょっと香ばしく炒めとこか〜なんて思ったときに、桜えびをひとつまみ加えたり。芽ひじきも桜えびも、引き出しの中にしまい込んでると忘れてしまいがちなのですが、目の前にあれば自由な発想で料理に生かせます。

リフォームのとき、もうひとつこだわったのはシンクの扉。大好きなひまわりの花のシートを貼ってリメイクしたんです。50歳を過ぎて体調の変化もあったので、ひまわりの花のように元気で明るく、上を向いて暮らしていこうって。そんな気持ちを込めて。

なんて言いつつ、年を重ねていくことについては全然抵抗ないんです。だって、村のお年寄りはみんなめちゃくちゃ元気で若々しい！　90歳を越えても現役バリバリで木の剪定や畑仕事をしていて、「おじいちゃん」なんて呼ぶのもためらってしまうほどです。それに、農業やっている人で年齢を隠す人ってあまりいないんですよ。実年齢より上に言う人もいるくらいで、「年をとっても元気」がステイタス。だから私も、農家になってから若く見られることより「いい年の取り方してるね」と言われるほうがうれしくなりました。刻まれた深いしわがかっこいい女性。まっ黒に日焼けした、たくましい女性。そんな農家の女性に、ひまわり畑の台所は案外似合うかもしれない…なんて思っています。

腰痛対策、活力アップ！　のために考えた台所。思い切りアラフィフ向けですけど（笑）気に入っています。

秋・冬の野菜おかず

秋の訪れはいつも突然。
深く色づく葉の彩りが美しく、
たわわな実りもうれしい季節です。

冬

わが家の農作業はお休みのシーズンになりました。

忙しいときにはできない手芸をしたり、

主人とごんぼさんの３人で、気ままに過ごします。

稲穂が頭を垂れてくると、村がいっせいににぎやかになります。
みんな朝早くから農作業に出かけ、軽トラから誰かを見つけると
「プッ」とクラクション。
「おはよう〜」「こんにちは〜」の合図です。
私も畑から高く手を上げて
「おっはよう〜!!」と元気にあいさつを返します。
見上げると、流れるような秋の雲。
空を見ていると、季節が急ぎ足で移り変わっていくのがわかります。

勢いよく育ったわが家の夏野菜も、徐々に店じまい。
きゅうりのアーチを撤去し、オクラを切り倒して
最後の小松菜や白菜を植える準備に取り掛かります。

少しだけ、心さみしさを感じながら進める秋の畑仕事。
一段落したら、ふらりと散歩に出かけます。
場所は、棚田のてっぺん。
ここから、村を見わたす景色が好きなんです。
どの季節に見ても美しいのだけれど、秋は格別。
黄金色の稲が刈り取られたあと、山はだんだんと赤く色づき
落ち葉を養分にして土色に戻っていきます。
寒さをたくわえ、厳しさを増していく自然も心に残る風景です。
真冬の田舎は、車が通る音も、人の声もなく、
シーンと静まりかえるばかり。
春が来るまで、私たちは家にこもって冬休み。
夏の気ぜわしさを取り戻す、楽しい時間が始まります。

にんじん、じつは苦手だったんです。おいしく食べるレシピ、研究しました！

自他ともに認める「もてなし好き」です。誰かの笑顔を見るのが何よりも幸せ。だから、ブログで「野菜嫌いの子どもが喜んで食べました」なんて声を聞くと、うれしくてうれしくて。にんじんなどは苦手な人も多いので（私も小さいころは大嫌いでした！）、おいしい食べ方を一生懸命考えたのですが、ひとつがコンソメの下ゆでやバター炒め。土くささを消すだけで、丸ごと1本食べられる野菜になるんです。

農家の知恵

にんじんに皮はある？ ない？

売っているにんじんに、皮はありません。にんじんの皮はとっても薄くて、出荷するときに全部取れてしまうんです。だからむかずにそのまま使ってみて。

秋の野菜

コンソメの下煮が大切。にんじんくささが気にならなくなります

丸ごとにんじんのバター焼き

材料（2人分）

にんじん（へたを落として縦半分に切る）…小2本（300g）

A 水…2と1/2カップ
　固形コンソメ（細かく刻む）…1個

バター（またはマーガリン）…20g

にんにく（みじん切り）…1片

B パセリ（みじん切り）…大さじ1
　塩・こしょう…各少々

レモン（くし形切り）…2切れ

作り方

1 鍋ににんじん、Aを入れ、弱めの中火で竹串がスッと通るまで煮る。ゆで汁が少なくなったら強火にして水分をとばす。

2 フライパンにバター、にんにくを入れて炒める。にんにくが少し色づいたら**1**を加え、全体をじっくり焼く。Bで調味する。

3 器に盛り、レモンを添える。

小松菜と豚肉。材料2つでおいしいワケ

小松菜はアブラナ科。チンゲン菜、大根、キャベツ、白菜の仲間です。これらの野菜は油と相性がよくて、豚肉や油揚げなどの食材と合わせると、とてもおいしいんです。

小松菜のうま煮

材料（3〜4人分）

小松菜（5cm長さのざく切り）…2袋（400g）
豚こま切れ肉（食べやすい大きさに切る）…100g
A
水…1と1/2カップ
しょうゆ…大さじ1と1/2
みりん…大さじ1
和風顆粒だしの素・砂糖…各小さじ1
粗びき黒こしょう…小さじ1/3
塩…少々
水溶き片栗粉（片栗粉1：水1）…大さじ2
サラダ油…大さじ1

作り方

1 フライパンにサラダ油を熱し、豚肉を炒める。肉の色が変わったら小松菜を加える。
2 小松菜がしんなりしたら、Aを加えて5分煮る。仕上げに水溶き片栗粉でとろみをつける。

小松菜は根の真上まで食べられますが、茎がかたそうなときは、1㎝幅程度の斜め切りに。セロリのように繊維を断ち切るといいですよ。

冬の野菜

白菜の軸はかたい。だからこそ
おいしく食べる方法があります

農家になって気がついたのは、ひとつの野菜のなかにもいろいろな個性があるということです。味や食感の違いだけでなく、たとえば白菜なら葉の部分は火の通りが早い、白い軸の部分はかたくて水分量が多いといったように。その個性をできるだけ生かすことが、おいしく食べる秘訣なのだとわかってきました。

白菜の軸を甘酢漬けにしたのも、みずみずしさをじっくりと味わいたかったから。酢の力で食感がガラリと変わり、白菜ならではのうまみがたっぷりと楽しめます。

白菜の軸の甘酢漬け

材料（4人分）

白菜の軸…葉4枚分（200g）
塩…ひとつまみ
A 酢…大さじ3
　砂糖…大さじ2
ごま油…小さじ1
赤唐辛子（小口切り）…1本

作り方

1 白菜の軸は繊維に沿って長さ5㎝、幅1㎝に切り、塩をふってよく混ぜる。30分おいて水けを絞る。

2 耐熱容器にAを入れ、電子レンジで約40秒加熱する。ごま油、赤唐辛子、**1**を加えて混ぜ、冷蔵室に半日おく。

白菜は葉と軸と分けて調理するのがおすすめ。
軸は肉厚で水分が多いので、細切りにすると
太いもやしのような使い方ができます。

干して、漬けて、葉っぱまで生かす秋の「大根しごと」

秋が深まって空気が乾燥してくると、村ではいっせいに乾物作りがはじまります。大根はそのひとつ。私も玄関前に干しもの専用かごを並べ、まずは切干大根作りから。晴天が続くと2週間ほどで、白くきれいな切干大根ができるんです。切り落とした大根の葉は、干して「ひば湯」という天然入浴剤にするのも楽しみです。

次は漬けもの作り。切干大根を調味料に漬けるだけのはりはり漬け、それからゆず大根。自家製大根で作るとびきりおいしい自慢の1品です。

農家の知恵

冬の大根の皮は手でむけるんです

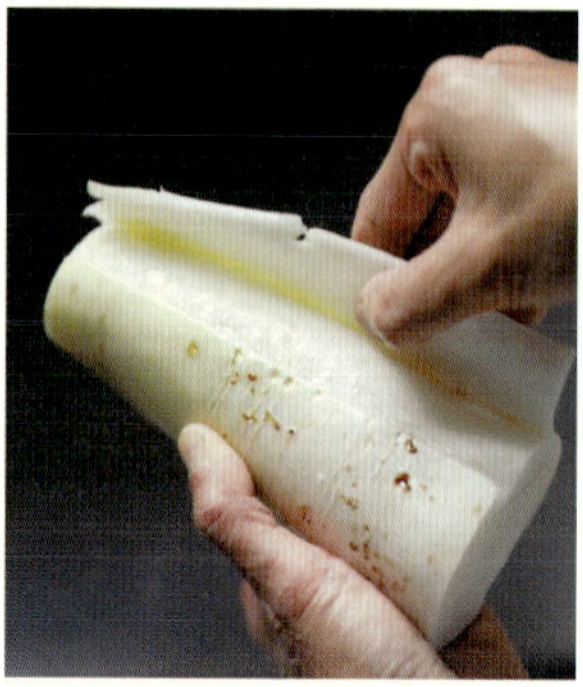

縦に2、3㎜の切り目を入れたら、皮と実の境目を指で探ってみて。そのすき間からゆっくりむきます。10月～11月に並ぶ、肌がきれいな大根で試してみて。

大根の葉は筋が多いのですが、細かく刻むと気になりません。ほぐした焼き鮭と混ぜておにぎりや、つくだ煮、ふりかけなどに。

冬の野菜

切り方は繊維を断つようにしてくださいね

京都の有名な漬けもの屋さんの味に近づけたくて、何度も試作した自信作です。大根の重さを正確に量ること、繊維を断つこと。このふたつだけ気をつけて。

材料（作りやすい分量）

大根（1cm幅の棒状に切る）…1本（約1kg）

粗塩…大さじ2

A

ゆず…1個（皮はせん切り。果肉は絞り、酢を足して大さじ4にする）

砂糖…大さじ4

粗塩…ひとつまみ

作り方

大きめのボウルに大根を入れて粗塩をまぶし、よく混ぜる。

水分が出たら、保存容器に移す（出た水分も入れる）。

容器の上に押しぶたをし、2kgくらいの重石をのせる（写真は漬けもの容器なので、重石は不要。2ℓのペットボトルでもOK）。

ときどき混ぜながら1時間おき、水けをしっかりと絞る。

Aは混ぜ合わせる。

保存容器に**4**を入れ、Aを回しかける。冷蔵室で1日漬ける。

春菊は生でもおいしい！　知ってましたか？

関西では「菊菜」という名前がついている春菊。鍋の具もいいけど、一度生野菜としてサラダのように食べてみてください。こんなにおいしい野菜だったのかと驚くはず。

春菊のエスニックサラダ

材料（2人分）

春菊（葉を摘む）…1/4袋（50g）

A
- サラダ油…小さじ2
- ナンプラー・レモン汁…各小さじ1と1/2
- にんにく（すりおろす）…1/2片
- 粗びき黒こしょう…少々

作り方

ボウルにAを入れてよく混ぜ合わせ、春菊を加えてあえる。

春菊や菜の花、つるむらさきなどクセの強い葉野菜はナムルにぴったり。ごま油やにんにくの風味で、クセがほどよくやわらぎます。

冬の野菜

ほっこり甘いさつまいもは、
甘辛味の常備菜に
おすすめです

冬の野菜

ほくほくねっとりを
味わうなら、塩でシンプルに
ゆでるのがいちばん

甘いさつまいもとバターの塩けがよく合うひと品。砂糖の量は、小さじ½ならごはんのおかずに。小さじ1以上入れるとおやつのように食べられます。

さつまいものきんぴらバター風味

材料（2人分）

さつまいも（細切り）…大½本（200g）
バター（またはマーガリン）…15g
A しょうゆ…大さじ1
　みりん…小さじ2
B 砂糖…小さじ½〜1
　白いりごま…小さじ2

作り方

フライパンにバター10gを溶かし、さつまいもを弱めの中火で3分炒める。Aを加え、汁けがなくなったらB、バター5gを加えて混ぜ合わせる。

小さめの里いもの頭を切り落とし、ゆっくり塩ゆでするだけ。いちばん面倒がなく、おいしく食べられる方法です。熱いうちに皮をむいて召し上がれ。

里いもの塩煮

材料（4人分）

里いも…小17〜18個（500g）
塩…大さじ1と½

作り方

1 里いもはよく洗い、上の部分を5㎜ほど切り落とす。
2 鍋に1、かぶるくらいの水、塩を入れて火にかける。竹串が通るまでやわらかくゆでたら、ざるにあげる。

長いもは揚げ加減で食感が変わるのがおもしろい！

串揚げ文化で育った関西人だからでしょうか。主人も私も野菜の揚げものが大好き。水分が油でギュッと閉じ込められて、野菜のうまみがそのまま食べられる気がします。

揚げた長いもも絶品。じっくり揚げればホクホク、サッと揚げればサクサク。揚げ時間を変えて、食感の違いを楽しんでいます。

長いもの2種揚げ

材料（4人分）

長いも…300g

A
- 米粉（上新粉）…大さじ2
- 水…大さじ3
- 青のり…小さじ1
- 塩…ふたつまみ
- こしょう…少々

味つきのり…10枚

天ぷら粉（同量の水で溶く）…大さじ2

揚げ油・塩…各適量

作り方

1 長いもは半量を1cm幅の輪切りにし、半量を1cm幅の棒状に切る。

2 輪切りにした長いもはAのころもにくぐらせ、棒状に切った長いもは味つきのりを巻き、のりの縁に天ぷら粉を少量つけて留めて天ぷら粉にくぐらせる。

3 鍋に揚げ油を180℃に熱し、**2**を揚げる。のりを巻いた長いもは薄く色づいたら引き上げ、塩をふる。

米粉のころもで揚げた
青のり入り揚げは、外
がカリカリ。磯辺揚げ
はさっくり。半生くら
いで引き揚げるのがい
ちばん好きです。

冬の野菜

まっ黒になるまで焼くのがポイント。甘さが引き出されます

野菜って、丸ごと焼いたり蒸したりすると風味がよく出てくるんです。さらに、皮付近はいちばん味が濃くておいしい。この黒焼きでよくわかりますよ。

長ねぎとにんにくの黒焼き

材料（2人分）

長ねぎ（7cm長さに切る）…1本
にんにく…2個
A ┃みそ…大さじ1
　┃砂糖・みりん…各小さじ1
塩…適量
ごま油…小さじ1

作り方

1 魚焼きグリルに長ねぎ、にんにくを並べ、黒く焦げるまで15〜20分ほど焼く。
2 耐熱容器にAを入れ、電子レンジで30秒加熱する。よく混ぜ合わせ、ごま油を加えて混ぜる（好みでラー油を加えても）。
3 器に**1**を盛り、食べるときに黒く焦げた皮を除く。長ねぎは**2**、にんにくは塩をつけて食べる。

冬の野菜

斜めに切るだけで、面倒な筋取りはしなくても大丈夫！

セロリの甘酢漬け

材料（4人分）

セロリ（5㎜幅の斜め切り）…3本（茎の部分の重さ200g）
塩…ひとつまみ
A 酢…大さじ3
砂糖…大さじ2
B ごま油…小さじ1
赤唐辛子（小口切り）…1本

作り方

1 セロリは塩をふって10分おき、水けを絞る。
2 耐熱容器にAを入れ、電子レンジで30秒加熱する。粗熱が取れたらBを加えて混ぜる。
3 ポリ袋に**1**、**2**を入れ、冷蔵室に半日おく。

農家のひとりごと

365日、ほぼいっしょに過ごす主人のはなし

20代のころ、友だちとして知り合った主人。2人とも束縛されるのが苦手な自由人タイプで、友人たちからは「絶対、すぐに離婚するで〜。関空離婚もありえる」と言われたり、農家に転身する際に2人で両親のところに行ったら、離婚報告かと思われたり、まわりからはずいぶん心配されたのですが、おかげさまで今年銀婚式を迎えることができました。主人からは「わしみたいなんに、25年もつき合ってくれてありがとう」。私も「こちらこそ！　この組み合わせしか絶対無理やったわ（笑）」

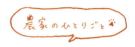

なんて話をしましたが、二人三脚で仕事をしているおかげで、夫婦というより親友みたいな関係がずっと続いているような気がします。

朝から晩まで3食いっしょ、仕事もいっしょ。ふつうの夫婦の一生分の会話はすでに終わっているくらいの私たちですが、不思議と飽きることはありません。ケンカ？ もろちん若いころはしょっちゅうしてました。剪定の仕方でもめたり、本当に小さいことばかり。でも、今は意見を押しつけあうことはしません。お互いのやり方を尊重しなくてはうまくいかないって、長いつき合いで学びましたから（笑）。

改めて褒めるのも照れくさいけれど、主人はとても優しいんです。どんな状況でもいいところを探して満足するし、疲れてカップラーメンしか作れなくても「ごちそうさま」「ありがとう」って言うタイプ。昔からどんな小さなことにも「ありがとう」って言ってくれるので、私も自然と「ありがとう」を言う回数が増えました。今では日本一「ありがとう」を言う夫婦じゃないかと思ってます。心の中で助かる、うれしい、と思っていても、口に出さなければなかなか伝わらないでしょう。でも、主人はそれが自然とできる人。私がしているあたりまえの家事に対してつねに感謝の言葉をかけてくれるから、もっと頑張ろう、おいしいものを作ろう、と思えるのかもしれません。

そんな私たちの恒例行事は年末。その年の最後の出荷作業が終わったら、2人で握手してグータッチ。その後の長い冬休みに入る前に、お疲れさまのクリスマス&忘年会を楽しむんです。お互い健康で、力を合わせて楽しく暮らせたお祝いとして、ごちそうを食べて乾杯。私はここぞとばかりに主人が喜ぶメニューを考え、とっておきのお酒を出します。1年間の畑仕事の思い出を話しながらまったりと過ごすこの時間は至福のひとときです。

今年のパーティはとても楽しみ。25年分の感謝を込めて、いつも以上に腕をふるうつもりです。

主人は変わった食材は好まず、定番のおかずが好き。でも、何でも喜んで食べてくれるから作りがいがあります。

力仕事は主人の担当。草刈りからハチ退治まで何でもやってくれますが、料理は一向に興味を持ちません（笑）。

＼はみだし！／

おもしろお役立ちネタ

毎日野菜と触れ合いながら、これまでいろいろなことを学んできました。ここで紹介するのは、その一部。知っておいて損はないですよ。

調理編

切り方やゆで方でおいしさがグーンと変わりますよ！

すいかってね、まん中がいちばん甘いんです。だ・か・ら…

先輩農家さんに教えてもらった切り方です。甘みが少ないところはいさぎよく捨て、すいかのまん中が必ず入るように、乱切りにしていくのがコツ。

1 甘みの少ない両端はスパッとカット

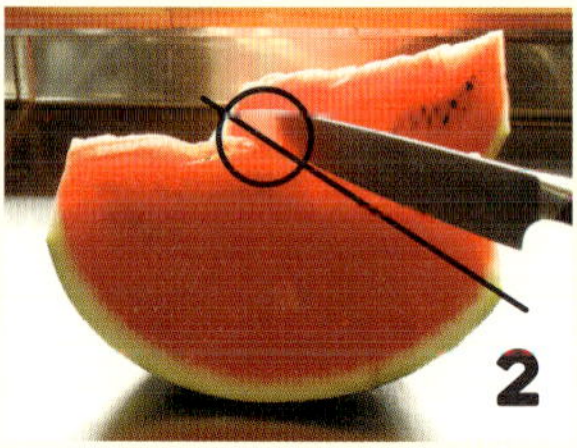

2 中心から斜めに包丁を入れていきます

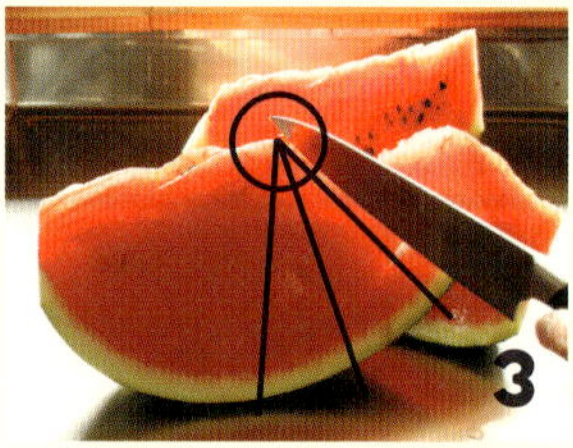

3 次も中心が入るようにカット

4 すべてのピースに中心の甘いところが入りました

ピーマンのへたと種、イッパツできれいに取れます！

1 用意するのはドリンクのアルミキャップ

2 へたの部分にググッと差し込んで〜

3 くるりと引き抜けば、こんなにきれい！

4 肉厚のパプリカは、ふたを差し込んでピックなどで抜き取って

ピザのトッピングなど、きれいな輪切りにしたいときにも役立つ方法。ちなみに、種は食べられます。私はピーマンの肉詰めのときは種ごと詰めてしまいます。

チンゲン菜を色よくゆでるポイント

サラダ油で茎30秒、次に葉を30秒炒めたあと、ひたひたの熱湯と塩小さじ½、酒大さじ１を入れてさらに10秒ゆでます。これで鮮やかな緑色に！

カリフラワーをまっ白にゆでる方法

ゆでるときに酢と小麦粉を入れるのがコツ。まっ白になるうえ、沸点が上がるので短時間で煮崩れせずアクが取れます。ピクルスなど作るときにぜひ。

刻み野菜を作っておくと便利！

にんじん、玉ねぎなどサラダによく使う野菜は、すぐ食べられるように切って冷蔵。水きりつきの保存容器で３日はもちます。半端野菜も刻んでおくと便利。

とうもろこしの粒をきれいにはずすには…

箸を粒の間に差し込み、下から上に向かって箸で縦１列を落とします。ここはきれいに取れなくてＯＫ。次の列を粒が取れた方向に指で倒していけばするする！

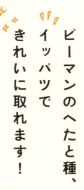

保存編

野菜をダメにせずに使いきる方法、お教えします

ペーストにして冷凍しても！

にんにく、バジル、グリーンピース、青しそなどが大量にあるときは、ペーストにするのもおすすめ。塩やオイルといっしょにフードプロセッサーで攪拌するだけなので簡単です。

バジルの葉20g、ピーナッツ50g、にんにく3片、塩小さじ1、オリーブ油1/4カップをフードプロセッサーなどでペースト状に。小分けにして冷凍します。

すりおろしてラップに薄く広げて包み、スケッパーなどで筋をつけてから冷凍。パキパキ割って使えます。

乾燥させると長もちします

２㎜くらいの薄切りにして、天気のいい日にざるに広げて、カラカラになるまで干します。完全に乾燥したらポリ袋に入れて冷蔵保存すれば、半年ほどもちます。

ゴーヤ、トマト、赤じそ、大根を干したもの。このほか、干しなすなども作ります。

ゆでて冷凍すると使いやすいものも！

かぼちゃは長もちしますが、切ったりゆでたりするのに時間がかかるのが難点。あらかじめゆでて冷凍しておくと、スープや汁もの、炒めものなどにすぐ使えます。

きのこは乾燥や冷凍でうまみがアップ！

きのこを栽培している人は、生より冷凍したほうがうまみが増しておいしいと言います。しいたけ、しめじなど何種類か混ぜ、保存袋に入れて冷凍するか、天日干しにしても。

デコレーション野菜、冷凍ストックのススメ

飾りやトッピング用の野菜、かんきつ類は、使いやすく切ってアルミの皿かアルミホイルにのせて冷凍。凍ってから保存容器に詰め替えると、パラパラになってくっつかず、使いやすいんです。

すだちやレモン

薄くスライスしたもの、いちょう切り、小さいくし形切り、皮だけ刻んだものなどを金属トレーに並べて冷凍。

仕切りつきの保存容器は100円ショップでゲット！　種類別に入れられるのでストックも見やすい。

彩り野菜

すぐに食べられるのがデコレーション野菜のいいところ。グリーンアスパラガス、オクラ、ブロッコリーはゆでてから冷凍します。パプリカやピーマンは薄切りにして冷凍。

デコレーション野菜があれば、朝のピザトーストもあっという間！

朝食のピザトーストも、デコレーション野菜とチーズをのせて焼くだけ。小鉢の飾り、メインおかずの彩り、サラダのボリュームアップなど、いろいろ使えます。

選び方編

おいしい野菜の
見分け方、知って
おくと便利ですよ

ピーマン

**へたが6角形のものが
確実においしい!**

ハリがあって、ピカッと光っているもの。ピーマンの栄養状態はへたのガクの部分にあらわれます。バラ売りのものは、ガクが6角形のものを選べば間違いなし。

ほうれん草

**冬に出回るものは
栄養豊富です**

1年中出回っているほうれん草ですが、冬のほうが甘くておいしい。葉先までピンとしていて、肉厚なもの。茎は太すぎ、細すぎを避けてしっかりしているものを。

ブロッコリー

蕾がしっかり締まっているものを

蕾が密集してかたくしまっているものがおいしいブロッコリー。冬に見かける紫がかったものはアントシアニンを含むので、すすんで選んで。

白菜

ずっしりと重いものを選んでね

外が濃い緑でずっしりと重いもの、根の切り口が白いものを。カットしてある場合は、葉にすき間がなく巻きがしっかりしたもの、切り口が新鮮かどうか見て。

キャベツ

外葉があれば、鮮やかな緑でつやのあるものを。取られている場合は、芯の切り口が500円大のものを。半分に切ってある場合は、芯が短いものを選んで。

かぼちゃ

皮につやがあってかたく、へたが乾いて根元が少しくぼんでいるものがおいしい。切ってあるものは果肉が大きくて色が鮮やか、種が大きくて分厚いものを。

オクラ

まずは色の濃さをチェック。緑ができるだけ色鮮やかで、産毛が多いものが新鮮です。大きすぎると先がかたい場合があるので、ほどよいサイズを選んで。

小松菜

茎は薄緑、葉は緑で先までつやがあるもの。しんなりしていたら鮮度が落ちてきています。茎の部分が青っぽい場合は収穫遅れの場合があり、味にも影響が。

ゴーヤ

イボイボがいちばん大事。くっきりと盛り上がっていて、黒くなったりつぶれたりしていないもの。触ってみて、しっかりしているものがおすすめです。

きゅうり

しっかりしていて、上から下まで均等な太さのものはていねいに育てられた証拠。イボイボがあると新鮮ですが、品種によってないものもあります。

にんじん

肌がなめらかで、先は少し丸みがあるものがいい。先がとがっているにんじんは収穫が早すぎるものです。葉のつけ根の切り口は、小さいほうがおいしいですよ。

玉ねぎ

頭の部分が締まっているかどうかをチェック。やわらかいと腐っている可能性があります。形の違いや大きさは品種による違いなので、気にしなくてOK。

大根

ひげ根が少なく、肌がすべすべしているものを選んで。長すぎ、太すぎ、短すぎなど形が悪いものも、収穫適期ではない場合があります。

コンニチハ！

みゃ〜

わが家の癒やし、
ねこの「ごんぼさん」のこと

2011年からわが家の一員になったごんぼさん。ねこ年齢7歳、
人間でいえば50歳のアラフィフです。主人と私、2人の
静かな生活は、ごんぼさんのおかげで毎日盛り上がってます。

おかあさんと出会ったころです。
ゴミぶくろとまちがわれました(笑)

ごはんを作るおかあさん、
ブログを書いてるおかあさんを
ここから見ています。
おかあさんはいつもがんばってる

私たち夫婦がいつも
笑顔でいられるのもこのコのおかげ。
ごんぼさんはかけがえのない家族なんです

つつぅ
・・・
ケロ

実家でも飼っていたので、もともとねこが大好きでした。でも、夫婦ともアレルギー持ちで、主人は犬派。ねこを飼うことはないだろうと思っていましたが、道端で死にかけていたごんぼさんを見つけてしまったんです。主人は最初絶句していましたが、もともと動物が好きなので、とてもかわいがってくれて。今では２人は大の仲良しです。

おかあさんとおとうさんが
お仕事の間は、いいコにしてます

農作業から帰ってくると、
飛びついてくるんですよね～。
疲れも吹っ飛びますよ♪

ちゅ～るください♪

ごんぼさんは滅多に鳴き声を上げないおとなしいねこですが、寂しがり屋さん。犬みたいな性格で、忙しくてかまってあげられないと拗ねたり甘えたり。これでもかというくらい素直に愛情表現してくれるのが、うれしくてたまりません。慢性腎不全という病にかかっても、たくましく楽しく生きるごんぼさん。私たちと出会ってくれて、ありがとう。

一時は余命宣告されたごんぼさん。
絶望的な気持ちになりながらも、
あきらめずに看病しました。

おかあさんが毎日お薬を
チュウシャしてくれるんです

小さな命の力強さを
教えてくれたごんぼさん、
これからも元気で
長生きしてね！

おかあさん、
いつもありがとう♡

さいごに

畑に行くときは、毎日、空と景色を見ています。
いつも同じ場所の変わらない風景なのに、1日として同じ空はなくて。
何度眺めても飽きることがありません。
会社に通っていたころは見ようとも思わなかった空に、
こんなにも癒され、励まされ、楽しませてもらっている。
本当に幸せだなぁって思います。

農業を始める前の幸せは違いました。
連休に海外旅行に出かけたり、欲しい洋服を買ったり、家を買ったり。
仕事で成果を出して上司にほめられたり。
何かを得たときがうれしかったものでしたが、
今は何気ない日常に喜びがあります。

真夏の畑仕事が終わって、クタクタになってベッドに入った瞬間。
もう、たまらなく幸せだと感じます。
庭に生えているみょうがを見つけて、大好きな冷酒で晩酌するとき。
ワクワクして、満ち足りた気持ちになります。
ごんぼさんがごはんをよく食べてコロコロになって、
ベッドで眠る顔を見ているだけで、とろけそうな幸せに包まれます。
私の幸せは、何でもないふつうのことばかり。
だから、毎日がとても幸せです。

大事にしているのは、のどかな暮らし。ゆったり、のんびり、急がない。
心と体をていねいに重ね合わせ、小さな幸せを毎日たくさん見つけることが
今も、そしてこれからも私の目標です。

みなさんはどうですか？　身近な喜びを感じていますか？

素材インデックス

この本で紹介したレシピのおもな素材をリストアップ。
素材から作りたいものを探したいときにお役立てください。

肉・加工肉

野菜・果実

きのこ

その他加工品

Farmer's KEIKO （農家の桂子）

昭和40年大阪府生まれ、京都在住。夫とねこの「ごんぼさん」との3人暮らし。長年の会社員生活を経て夫とともに脱サラし、農業を始める。2010年6月にスタートしたブログでは、毎日の畑仕事で触れる自然のこと、野菜を簡単においしく食べるレシピを楽しく発信。著書に『Farmer's KEIKO 農家の台所 1～3』『Farmer's KEIKO 農家の台所 一生食べたい野菜のおかず』『Farmer's KEIKO 農家の台所 野菜のおかず便利帖』（小社刊）。

ブログ『Farmer's KEIKO 農家の台所』
https://ameblo.jp/farmers-keiko/

ブックデザイン　植村明子 pond.inc
撮影　石川奈都子　Farmer's KEIKO
ディレクション・取材　坂本典子・佐藤由香（シェルト＊ゴ）
校閲　滝田恵（シェルト＊ゴ）
編集　東田卓郎

農家の台所から

著者　Farmer's KEIKO
編集人　寺田文一
発行人　倉次辰男
発行所　株式会社 主婦と生活社
〒104-8357 東京都中央区京橋 3-5-7
http://www.shufu.co.jp
編集部　03-3563-5130
販売部　03-3563-5121
生産部　03-3563-5125
製版所　東京カラーフォト・プロセス株式会社
印刷所　太陽印刷工業株式会社
製本所　小泉製本株式会社

ISBN978-4-391-15189-3